LETTRE

A

M. DE MONTENON.

RÉPONSE

DE QUELQUES PAYSANS,

PAR M. BLAIN.

POITIERS,

IMPRIMERIE DE COIGNARD ET BERNARD.

—

1850.

PRÉFACE.

—

Aujourd'hui que la République est la constitution défi-
nitive de la France, tous les citoyens, sous peine d'être
taxés de lâcheté, doivent s'occuper plus ou moins, selon
le degré de leurs forces, de la chose publique. C'est le sentiment de ce devoir, seul, qui m'a porté à écrire cette lettre.
Nous ne vivons plus en monarchie, dieu merci! et, à cause
de cela, nous ne devons pas nous en remettre, pour le soin
des affaires publiques, à des salariés au-dessus de nous et
de notre examen. Chaque homme, dans sa petite sphère, doit
essayer ses efforts pour le bien commun.

Aussi bien le moment est venu pour les sincères amis de
la République de sortir de la solitude et de l'exil auxquels
une réaction injuste, intolérante et violente les a forcés de
se condamner. Tous les jours la presse royaliste est rem-
plie d'injures à l'adresse des républicains. On ne leur mé-
nage aucune calomnie, et l'on a l'infamie de les confondre
avec les criminels. Cela se dit et s'écrit au grand déshon-
neur du xixe siècle.

C'est assez languir dans l'oubli de vos devoirs, libéraux
et patriotes de toutes les nuances ; républicains politiques et
républicains socialistes, réveillez-vous ! sortez de votre

apathie que vos ennemis, je ne peux pas dire vos adversaires, ont prise pour de la peur. Laissez leur le privilége
de l'injure et de la calomnie; mais, forts de vos vertus
modestes, marchez à la conquête des esprits du siècle par
la persuasion et la pratique de la fraternité. Proclamez partout, sous toutes les formes, les droits de l'humanité, et
il faudra bien que le soleil de la justice se lève un jour,
de même que le jour s'est fait au 24 février 1848.

Ne voyez-vous pas qu'il faut des victimes à toutes les
causes sacrées, et que, si vous continuïez à rester froids
et impassibles en face des œuvres de destruction de la réaction, vous laisseriez s'éteindre dans le doute, et peut-être
le mépris, ce feu sacré de liberté, d'égalité et de fraternité
que la République a fait naître dans les cœurs. On poursuit, on dénonce, on destitue à vos portes tout ce qui pense
librement, car on veut enchaîner jusqu'à la pensée; ridi-
cule folie! On cherche à tuer en détail l'esprit du peuple
par de fausses rumeurs; on met chaque citoyen aux prises
avec ses besoins, afin d'en obtenir le silence, quelquefois
même une déshonorante rétractation des ses croyances les
plus vives. Alerte donc! Donnez l'exemple de la fermeté
dans les actions, aussi bien que dans la conviction; car le
peuple méfiant, lui, qui souffre plus que nous, ne croirait
plus à la sainteté de notre cause, si nous n'avions aucun
dévoûment pour elle.

L'Ile-Jourdain, 9 janvier 1850.

ERRATA.

Page 9, 28ᵉ ligne, *au lieu de :* tenus, *lisez :* tenue.
Page 11, 15ᵉ ligne, *au lieu de :* pourrait, *lisez :* pouvait apparaître.
Page 19, 18ᵉ ligne, *au lieu de :* selon nous, *lisez :* selon vous.

LETTRE
A M. DE MONTENON.
RÉPONSE DE QUELQUES PAYSANS.

« En vain les chrétiens opposaient aux accusations
» de leurs ennemis une morale pure, une vie humble,
» une parfaite soumission aux princes ; en vain même
» leur accroissement prouvait avec évidence que, loin
» de partager la haine et le mépris des juifs pour
» les autres peuples, ils voulaient les attirer tous à
» leurs croyances ; ce n'était point comme adorateurs
» d'une divinité particulière qu'on les poursuivait,
» mais comme des rebelles aux lois. Leurs adversaires
» ne voulaient point laisser dans l'indépendance les
» ennemis de leurs prêtres, de leur lune, de leurs pas-
» sions, de leurs fêtes, de leurs jeux.
» La puissance déploya sa force, les proscriptions
» commencèrent sous le règne de Domitien, la terre
» fut couverte de martyrs.
» Mais la violence qui détruit les corps ne peut rien
» sur les esprits ; on immole les hommes, mais on ne
» tue pas les opinions, et le sang de ces victimes hu-
» maines fortifia les racines de leur foi.

DE SÉGUR.
(Histoire Universelle.)

MONSIEUR,

Quelques paysans de ma contrée ayant entendu parler du
petit livre que vous leur avez adressé sous le titre : Aux
Paysans. Simples causeries, m'ont manifesté le désir de le connaître. Je leur en ai fait la lecture. La connaissance de cette
petite brochure leur a suggéré une réponse dont ils m'ont
chargé, et que je vais vous transmettre le plus exactement
qu'il me sera possible. Vous ne m'en voudrez pas, Monsieur,
j'en suis persuadé, et vous m'en excuserez si, en la reprodui-
sant de mémoire, les expressions s'en trouvent affaiblies, car
l'œuvre était au-dessus de mes forces.

Quoi qu'il en soit, voici cette réponse :

MON CHER ET EXCELLENT MONSIEUR,

Permettez à de pauvres et simples, mais honnêtes paysans-
de vous traiter de ce nom ; c'est celui dont ils croient devoir
payer l'appellation de : *Mes bons amis*, dont ils sont l'objet
de votre part. Nous ne sommes point accoutumés à rencontrer
chez les personnes de votre qualité cette affabilité sans vanité
dissimulée, avec laquelle vous venez vers nous pour nous offrir
vos conseils. Aussi vous avouons-nous, tout d'abord, que la
vôtre nous a autant touchés qu'elle nous a surpris, et que
nous sentons le besoin de vous exprimer, avant tout, la profonde vénération dont elle nous a pénétrés.

Vous nous avez parlé avec l'accent de la franchise et du fond
de votre cœur, nous le croyons du moins ; nous en agirons de
même envers vous, et, si dans le cours de nos réflexions très-
humbles, vous trouvez, parfois, notre langage un peu vif, ne
vous en susceptibilisez pas, et, en faisant la part des erreurs
auxquelles tout esprit est sujet, souvenez-vous bien que nos
sentiments de reconnaissance pour vous n'ont point été altérés
par elles, si tant est que vous nous en trouviez quelques-unes.

Nous aurions voulu de grand cœur, Monsieur, marcher d'accord avec vous, au moins dans le début de votre *avant-propos :*
cela eût été de bon augure pour la suite ; mais non, il n'a pas
été possible ; et vous l'allez reconnaître avec nous.

Vous commencez par une déclaration de guerre à la République, en ces termes : *Vingt mois d'aventures, d'alternatives et
d'espoir pour l'existence de la société tout entière, voilà votre passé
le plus proche.* Ainsi, Monsieur, d'après vous, la révolution qui
s'est accomplie le 24 février 1848, est le commencement d'une
suite d'aventures. Comment avez-vous pu envisager, de même
qu'un simple accident humain, un événement si providentiel
qui a agité pendant plus d'un an l'Europe entière, a fait plus,
l'a révolutionnée de fond en comble, et a marqué une nouvelle ère à l'humanité. Est-ce bien vous, vous qui croyez à
la haute destinée de l'homme, qui avez pu un instant vous
faire illusion sur le mouvement intellectuel et social qui s'est
accompli depuis la révolution de 1848 ? Plutôt que d'abandonner
vos préjugés politiques, vous préféreriez donc nier la sollicitude

de la providence pour sa créature de prédilection ? Et quoi ! ce Dieu de qui le grand poëte a dit : « Aux petits des oiseaux il donne leur pâture, » ne serait pour rien dans l'orage qui a emporté le trône de Juillet usurpé ; il aurait laissé souffler la tempête qui devait balayer tant d'abus, d'iniquités, de fausses croyances, de priviléges, de grandeurs injustement couronnées ! Non, Monsieur, vous ne l'avez pas cru quoi que l'ayez écrit. Autant vaudrait-il dire que l'ère de 89 n'a été, elle aussi, que la première aventure de la révolution française ; car, nous vous le demandons, de quel droit pourriez-vous condamner et refouler la révolution de 1848, si vous acceptiez celle de 1789 ? Et vous avez trop de raison, et de sentiment de justice, pour dénier à celle-ci les éloges que l'histoire a déjà burinés pour elle, et que justifie la marche du monde depuis.

Tenez, Monsieur, pour vous dire toute notre pensée sur votre compte, en commençant, nous vous croyons infiniment meilleur que vous ne voulez paraître, et vous auriez été du nombre de ceux qui sacrifièrent, dans la nuit du 4 août 1789, sur l'autel de la patrie, les droits féodaux qui nous enchaînaient à la glèbe ; mais, homme de parti, à votre insu, c'est pour ce parti plus que pour nous, que vous nous avez écrit.

Sérieusement : vous n'avez jamais pu croire nous persuader qu'une révolution qui s'est faite pour nous donner le droit d'élire :

1° Les représentants de la France chargés de faire les lois ;

2° Les représentants des départements ou membres du conseil général, chargés de l'administration départementale ;

3° Les membres du conseil d'arrondissement ayant mission de protéger les intérêts et les institutions plus près de nous ;

4° Les membres de notre administration communale faisant, comme qui dirait, les affaires de notre famille ;

5° Enfin, le chef du pouvoir exécutif ou le président de la République ;

Tel que nous en jouissons encore aujourd'hui, droit avec lequel il n'est pas une mauvaise loi, une loi injuste dont nous ne puissions nous débarrasser, partant dont nous puissions nous plaindre, puisqu'elle n'existera qu'avec le consentement de la majorité ; qu'une pareille révolution, disons-nous, s'était accomplie contre nos intérêts, et avait tourné contre nous-mêmes.

Pourquoi donc nous écrivez-vous, en parlant des bouleversements de la société (bouleversements que , pour notre compte , nous n'attribuons qu'au refus systématique de certains hommes d'améliorer notre sort), ces fausses paroles : *Que nos souffrances ont toujours été de plus en plus aggravées par les meneurs*. Est-il possible que nous préférions à la position que nous fait l'organisation sociale actuelle, l'état de servage où vivaient nos pères; les justices seigneuriales qui les torturaient parfois à l'égal des animaux , qui les jugeaient et les dépouillaient sans recours ! Est-ce que, volontiers, on ne les pendait pas s'ils étaient trouvés chassant sur les terres du seigneur ? Rien ne manquait à l'arsenal des lois des privilégiés de ce temps : la torture même , s'ils ne l'avaient pas inventée , ils en faisaient usage. O honte éternelle sur ces siècles de barbarie ! mais, silence, la justice de Dieu, seule, doit absoudre ou condamner ceux qui ne sont plus ! Dieu et la justice, voilà notre devise.

N'est-ce pas de la folie, au surplus, de soutenir que l'esclave ne gagne rien à être libre, le prisonnier à voir tomber ses fers, le paysan à jouir de ses droits politiques, à l'égal de tout autre?

Ah! Monsieur, est-il au monde une plus belle *aventure* que la révolution faite, il y a dix-huit cents ans, par les successeurs de Jésus-Christ, au nom de la fraternité et de l'égalité? Est-ce que vous auriez été de ceux qui renièrent la révolution qui venait alors bouleverser les existences en proclamant que tous les hommes étaient frères ? Vous ne pouvez pas vous défendre contre cette vérité : que la rénovation sociale qui s'opéra alors fût l'œuvre de Dieu même.

Eh bien ! qu'ont fait de plus que les apôtres, les républicains? Rien ; si ce n'est qu'ils ont ajouté un nouvel édifice au temple de la justice et de l'égalité fondé par la mission divine de Jésus-Christ.

Et qu'a fait, à son tour, de plus que 1789, la révolution de 1848 ? Rien ; seulement nous la croyons destinée à achever l'édifice commencé en 1789 , continué en 1830 , et resté incomplet depuis.

Croyez-nous, Monsieur, avec notre gros bon sens, nous vous disons la vérité quand nous vous assurons que ce ne sont pas *vingt mois d'aventures* qui se sont écoulés depuis le 28 février 1848, mais vingt mois de travail, pendant lesquels l'humanité tout entière a réfléchi sur son existence, et sur les moyens qu'elle doit employer pour marcher paisiblement, mais continuellement dans la voie du progrès.

Nos pères, sous l'enveloppe matérielle qui la recèle, nous ont légué la vie spirituelle qu'ils avaient reçue, augmentée de tous les travaux des générations qui se sont succédées avant eux; nous ne laisserons pas dépérir l'esprit de vie qui nous anime; il faut notre orgueil, à nous aussi, car, quoique paysans, nous avons la conscience de faire partie de l'humanité.

Que si c'est contre nos propres idées et nos impressions que vous voulez nous prémunir, vous ne pouvez espérer de réussir que faiblement, car les unes et les autres se basent sur des faits qui nous paraissent trop évidemment justes et à notre avantage; si, au contraire, c'est contre les idées d'autres personnes, celles, par exemple, que l'on appelle socialistes, oh! alors, Monsieur, nous ne pouvons rien vous accorder. Nous ne retirerons point la confiance que nous avons en elles, en leur probité, égale à la vôtre, en leurs convictions, en l'ardent amour qu'elles nous manifestent, et le soin qu'elles prennent de nos droits, de nos besoins et de notre dignité d'hommes, surtout.

Détrompez-vous donc, Monsieur, si vous croyez encore qu'*ils nous promettent ce que aucune civilisation n'a pu entrevoir*, car, s'il est à notre connaissance une chose qu'ils n'aient pas tenus, c'est la diminution des impôts et l'abolition de la loi violente du tirage au sort; et nous ne pouvons pas leur en vouloir, puisque c'est le parti de l'ancienne royauté, vers lequel vous paraissez pencher, qui les a empêchés de nous donner pleine satisfaction. Mais nous espérons bien qu'à une nouvelle élection générale, nous les reverrons à la tête de la représentation, abolir les priviléges et les lois iniques que l'on vient de voter, et relever les lois de justice, de dégrèvement et d'égalité que l'on a proscrites.

Nous sommes tous les jours en relation d'affaires avec ces personnes que vous appelez, nous nous trompons, que vous n'appelez pas de leurs noms de *socialistes*, et de qui vous avez écrit : « *Qu'ils s'agitent dans la bile et le fiel.* » Et pourquoi? Et où? Nous vous garantissons qu'elles sont aussi honnêtes, aussi douces et justes que vous, Monsieur; à quoi bon les injurier devant nous? L'injure n'est pas un argument : et vous dites que vous voulez nous convaincre. Vous nous feriez douter de votre sincérité, chose qui nous serait très-pénible; car si nous ne sommes pas d'accord avec vous sur vos idées en politique et en économie sociale, nous vous croyons de bonnes intentions, tout comme aux socialistes.

Croyez-nous, Monsieur, messieurs les socialistes de nos campagnes, et il y en a plus que de royalistes, eux, n'ont fiel ni bile, pas plus que vous, bien certainement ; et ils vous respectent dans vos convictions, pensant que vous ne les poursuivrez pas dans les leurs.

Nous ne sommes plus les païens du quatrième siècle de l'ère chrétienne qui, rebelles aux saines et populaires doctrines de l'égalité et de la fraternité enseignées par le Christ, refusaient de brûler leurs faux dieux, pour n'adorer qu'un Dieu unique, souverainement puissant, qui commande à la terre et aux cieux, et que toutes les nations reconnaissent quoi qu'elles l'appellent d'un nom différent. Il ne faut plus que ceux qui avaient l'habitude de nous exploiter spéculent sur notre ignorance, hélas! encore trop profonde; nous la connaissons et la voudrions secouer et laisser derrière nous avec tous nos préjugés.

Ainsi, il est à croire que si vous aviez su cela, vous ne vous seriez point écrié : « *Que faire pour conjurer la foudre* (vous avez voulu désigner probablement le socialisme.) *prête à sillonner l'espace?* Non, monsieur, non, nous ne craignons point cette foudre-là d'abord, parce que le socialisme pour nous est la lumière qui éclaire et non qui brûle; ensuite, parce que nous autres sommes habitués à voir son sillonnement au-dessus de nos champs, sans en prendre frayeur, mais seulement en respectant la volonté puissante qui s'impose à la créature, et prend ses voies solitaires et solennelles presque toujours pour faire le bien. Quand la foudre gronde au-dessus de nos têtes, c'est, selon nous, pour chasser les noires vapeurs qui s'y sont amoncelées, et nous attendons avec confiance le dénoûment de cette lutte, dans laquelle la main d'un Dieu bienfaisant est toujours visible, puisque, après la foudre, le temps se rasséreine, et que la pluie vient raffraîchir nos plantes desséchées. Le dernier éclat de tonnerre est pour le laboureur l'avant-coureur d'un bienfait de Dieu.

Laissez donc passer, avec nous, sans effroi, le sillonnement de la nuée révolutionnaire qui s'est élevée le 24 février 1848, presque sur le monde entier. Est-ce que Jésus-Christ n'a pas été le plus grand révolutionnaire du monde quand il a proclamé, à la face des puissants de la terre, que tous les hommes étaient enfants du même Dieu, seul et unique, étaient égaux, étaient frères? et que celui qui ressemblait le plus à son père, qui était dans les cieux, était le plus vertueux et non le plus puissant? Quelle doctrine plus subversive de ce qui passait alors pour la vérité pourrait apparaître pour soulever dans ses plus profonds abîmes ce monde qui avait 4,000 ans d'existence! Eh bien! direz-vous que ce ne sont pas cette doctrine et les principes nouveaux de cet homme-Dieu qui ont régénéré le monde au lieu de le détruire?

Pourquoi l'application des vérités qui ont sauvé la société, il y a 4,000 ans, serait-elle en 1850 « *Chercher à travers les ruines de toutes les institutions comme une espèce de paradis dont l'entrée est ignorée?* » Existe-t-il un moyen de réformer sans détruire les vieilles routines, et peut-on laisser à la fois subsister les institutions usées et les améliorations sociales, les monuments ruinés et ceux de la renaissance des arts? Pourrions-nous être aujourd'hui chrétiens, sans avoir cessé d'être païens? Veuillez bien nous le dire.

Mais nous avons hâte d'entrer en matière avec vous, afin de vous prouver que ce que nous demandons, nous autres paysans, oubliés partout, est possible, est juste, et que nous ne sommes pas dupes de nos illusions, ni de celles de personne.

Aussi bien sommes-nous plus à l'aise avec vous sur le terrain des vérités positives, puisque vous arborez sans hyprocrisie comme sans réserve la célèbre devise enfantée par la révolution de nos pères: *Liberté, égalité, fraternité.*

Avant, cependant, quelques mots sur nos opinions concernant le vote électoral, et sur la politique.

Vous vous recriez fort contre la méthode actuelle qui consiste à nous faire voter, nous simples et ignorants paysans, qui, pour la plupart, ne savons pas lire, pour des hommes que nous ne connaissons pas et ne pouvons pas du tout connaître. Là-dessus vous nous dites que nous agissons à l'aveuglette.

En effet, Monsieur, nous n'avons aucune connaissance des hommes que nous envoyons là-bas pour faire nos affaires : malheureusement la preuve en est tous les jours, car ils font tout le contraire de ce que nous voudrions. Mais qu'est-ce que cela prouve, que l'on nous a trompés? Proposez-vous, vous, Monsieur, dans nos intérêts, un moyen meilleur pour que nous fassions de bons choix? Eh non! c'est comme qui dirait le même. Vous trouvez qu'il est impossible que nous soyons éclairés par nous-mêmes sur le compte des mandataires que nous voulons nous donner ; que nous puissions faire une bonne élection directe de nous-mêmes, et qu'il vaut mieux que nous choisissions des délégués, pour que l'élection soit comme on dit, à deux degrés. Mais y avez-vous bien pensé? Comment n'avez-vous pas vu que c'est ce qui, au fond, se pratique aujourd'hui. Si nous votions au chef-lieu de la commune pour un délégué qui irait, lui, à son tour, élire, avec d'autres délégués, les cinq ou six représentants de notre département, ne serait-ce pas la même chose que ce qui se passe, quand, au moment de l'élection, nous allons trouver ce même homme, à qui nous aurions donné la charge de délégué, et que nous lui demandons avec confiance un bulletin de vote? Dans ce dernier cas, c'est bien évidemment lui qui vote pour nous, qui est notre délégué au fond, puisque notre bulletin vient de sa main : l'élection que nous faisons alors n'est donc pas directe. Le mode actuel, selon nous, n'est pas meilleur que celui que vous proposez, mais il est aussi bon sous le rapport de la sincérité du vote, et il a de plus que lui l'avantage d'être plus simple.

Mais franchement, Monsieur, à quoi bon discourir entre nous sur ce chapitre. Ce que vous désirez avant tout, suivant en cela plus les exigences de votre parti que les illusions de votre cœur, ce n'est pas nous voir voter avec liberté et connaissance de cause, mais bien avec et pour vous et les vôtres ; car vous savez bien que si nous étions arrivés au degré d'instruction dés ouvriers des villes, le règne de vos priviléges, à vous, parti royaliste et exploiteur de toutes les nuances, serait vite passé.

Cette préoccupation est si forte et si frappante en vous, qu'elle vous aveugle au point de vous permettre de nous dire : *« Que le laboureur qui veut rendre son champ fertile, n'a pas de trop de tous les instants de ses journées pour conduire à bonne fin son œuvre essentielle. »*

Vous n'avez pas pensé, Monsieur, que c'était là un blasphème contre la providence, contre la dignité humaine ! Eh quoi ! ce n'est pas assez des inégalités humaines, vous voulez les compléter par les inégalités sociales ! Regretteriez-vous qu'il n'y ait plus d'esclaves dans nos colonies d'outre-mer ? Nous ne sommes donc pas tous enfants du même Dieu, avec la liberté en partage, qui pour s'élever, qui pour tomber du rang qui lui a été assigné ! Qu'est-ce à dire ? que Jésus-Christ, en mourant sur la croix, n'aurait pas racheté tous les hommes ? Oh ! insultante présomption ! qu'ils doivent être petits aux yeux de Dieu, ceux qui prétendent à une supériorité de sang ici-bas ! Allez, vous aurez beau renier Adam, c'est notre père à tous. L'esprit qui vivifie les âmes ne vient que de Dieu, et nous sommes devant lui, sinon devant vous, créatures aussi nobles que vous. Recueillez-vous un peu, et voyez si, en sortant du sein de Dieu, comme en y rentrant, vous n'êtes pas sujet aux mêmes douleurs que nous.

Entendez-vous, paysans de la France entière, le conseil qu'on vous donne : *« Apprendre, par une pratique journalière, les éléments de la culture ; acquérir, par l'expérience, cette habitude des sages calculs, la prévoyance des intempéries des saisons ; arracher au sol, par un invincible travail, le secret de sa fécondité ; voilà le savoir qui peut vous assurer le bonheur, en pratiquant les vertus de l'honnête homme. »*

Vous vous croyiez des êtres créés à l'image de Dieu, animés par une âme immortelle, soupirant sans cesse après les hautes destinées du ciel ; pensant, réfléchissant sur les merveilles de la nature ; faits pour goûter les charmes des beautés morales, et pour éprouver tous les sentiments que Dieu a mis dans le cœur de sa créature ! Désabusez-vous : la charrue vous réclame comme des bêtes de somme ; fendez la terre avec le pic, arrosez-la de vos sueurs, et rentrez à l'étable à côté de vos bœufs. Là est la vie, le repos, le bonheur qui vous sont permis. N'écoutez plus les nobles élans de votre âme, et si vous entendez jamais retentir dans vos campagnes le cri que leurs échos sont prêts à répéter : « voilà l'ennemi qui arrive, » n'obéissez point à l'impulsion de votre cœur, ne trésaillez pas de courroux ; c'est le champ qui vous réclame : votre vie doit être un travail incessant. Les nobles battements du cœur, les jouissances infinies de l'esprit sont l'apanage des seules créatures qui ne doivent aucun labeur à la terre.

Il n'est pas possible, Monsieur, que, avec le cœur excellent que vous paraissez avoir, vous ne reveniez pas du jugement que vous avez porté sur nous, qui n'avons jamais assez d'admiration pour les merveilles accomplies par l'esprit humain. Tenez, quand nous entrons dans les villes qui nous avoisinent, nous sommes pénétrés de respect comme quand nous approchons de nos temples ; tout ce que le génie de l'homme y a créé de beau, comme si cela avait été inspiré par Dieu, est sacré pour nous : au caractère de grandeur de ses œuvres, nous reconnaissons la haute destinée de l'humanité tout entière.

Aussi n'attendons-nous pas de vous moins qu'une repentance complète à ce sujet.

Nous avons à cœur d'en venir, enfin, Monsieur, à causer de liberté, d'égalité, de fraternité ; le temps nous presse d'y être, et, pourtant, nous voudrions, avant, vous demander comment le vouloir du pays pourrait être mieux condensé qu'il ne l'est aujourd'hui avec la République. Quant à nous, nous sommes fixés en politique, nous sommes républicains, et nous aurions désiré que vous eussiez *condensé* comme nous votre opinion, car, d'un bout à l'autre de votre petit livre, vous luttez contre les débordements révolutionnaires pour des institutions à établir sur une base nouvelle.

Et laquelle donc peut exister, nous vous prions de nous le dire, en dehors de la volonté de tous ? Que si vous voulez un roi, vous et quelques autres, pourquoi ne pas nous l'avoir dit clairement et franchement ? Pour nous, nous ne reconnaissons point de droit possible en dehors de celui qui appartient à chacun, et au concours de tous. Vous direz peut-être que vous voulez un appel à la nation? Mensonge politique et vains mots que cela. Eh! bon Dieu! ne s'est-elle pas assez manifestée, l'opinion nationale, jusqu'à ce jour? Messieurs les royalistes n'ont-ils pas, comme les autres, acclamé la République du 24 février 1848? Et leurs prêtres n'ont-ils pas béni ses drapeaux? Ils auraient voulu une République coupable pour avoir le droit de la mettre au ban de la civilisation; mais cette satisfaction ne leur sera jamais donnée, et la prophétie de Napoléon se réalisera : « Bientôt toute l'Europe sera républicaine. »

Les révolutions, Monsieur, ne sont pas des moyens humains; elles viennent de Dieu : ne les maudissez donc pas, ne les enveloppez pas avec les crimes. Franchement, est-ce que l'ancienne féodalité, à une très-petite exception près, aurait d'elle-même renoncé à ses priviléges, si la révolution de 1789 ne lui eût pas ouvert les mains avec violence? Et est-ce que la bourgeoisie des anciens électeurs à 200 francs, nous aurait volontairement admis au vote universel, si nous ne l'avions pas conquis par une révolution? N'est-ce pas elle qui a enterré pendant dix-huit ans les pétitions qui ne demandaient, humbles qu'elles étaient, que l'adjonction de ce que l'on nommait les capacités, comme qui dirait celles de nos médecins, nos notaires, etc.?

Vous voyez donc bien que les révolutionnaires et les révolutions, avant l'installation du suffrage universel, étaient nécessaires à Dieu pour l'accomplissement des progrès de la société française. Aujourd'hui elles ne sont plus possibles, ou du moins elles seraient toutes coupables, puisque tous les citoyens ont le droit de concourir, d'une manière indirecte, aux lois qui régissent la société; et nous réprouvons tous ceux qui veulent sortir de la légalité. En 1852, si nous trouvons que nos représentants n'ont satisfait aucune des espérances que nous avions placées en eux, nous les changerons : voilà tout; et ainsi, nous ne serons jamais administrés par des hommes qui ne seront pas de notre choix, au nom des lois qui ne nous conviendront pas.

Nous ne confondrons jamais les criminels avec les révolutionnaires, comme vous faites, et nous ne croyons pas l'*édifice*

social et les grands principes ébranlés par la révolution de 1848.
Elle s'est accomplie, cette révolution, à cause de la corruption des chefs de l'état : sur ce point, elle était juste, car tous les jours nous voyions des députés achetés et vendus ; à cause de l'énormité des impôts : ils nous écrasaient, et nous ne les avions pas votés ; à cause du refus intéressé et insolent qu'on nous faisait de nous laisser concourir à l'administration de l'état :

Quand la verrons-nous réalisée selon nos besoins et nos vœux ?

DE LA POLITIQUE.

Enfin, Monsieur, nous voilà débarrassés de toute notre controverse préliminaire, et nous sommes heureux d'entrer à pleines voiles, avec vous, dans le port de la politique. Nous nous y reposons ensemble quelques instants, car vous nous avez dit la vérité, en définissant cette politique : « Tout ce qui tient au gouvernement d'une nation, aux droits et aux devoirs des citoyens. » Mais nous ne sommes plus d'accord avec vous quand vous comparez le gouvernement d'une nation à une famille, à une exploitation agricole. Dans la famille, le père est le chef naturel, l'autorité morale dont tout relève. Quoi de plus juste ? C'est lui qui a communiqué, après Dieu, une partie de sa vie à son enfant ; il existe, pour ainsi dire, encore dans eux, et étant leur maître, il semble n'être que le maître de lui-même : d'ailleurs, il représente Dieu sur la terre. Il n'est pas un homme sensé qui puisse contester cette vérité : qu'un père ou une mère ne rendent compte qu'à Dieu de l'autorité qu'ils exercent sur leurs enfants. Dans l'état, au contraire, tous les hommes sont égaux ; oui, Monsieur, égaux, ou plutôt doivent l'être ; aucun n'a de droit naturel sur un autre ; celui qui est investi d'une autorité quelconque, ne la tient que par une délégation purement humaine : si bien que, quand la volonté qui l'a élevé à la puissance, ne le soutient plus, il doit descendre, tomber et rentrer dans le niveau d'égalité d'où il avait été tiré par le consentement et le vote de la majorité.

Mais nous admettons, comme vous, qu'un représentant du peuple, ainsi qu'un chef de maison, doit être un homme intègre, honorable, instruit et laborieux, et nous sommes sûrs

que vous ne seriez pas du nombre de ceux qui nous conseille-
raient de voter pour ces inconcevables nullités qui ne conser-
veront, même pas un jour, après qu'elles seront dépouillées de
leur dignité de surprise, le moindre lustre, et n'auront pas
l'avantage de ces vils métaux sur lesquels on reconnaît toujours le riche emprunt qu'ils ont fait pour s'embellir ; pour
ces habitués de coulisses ministérielles, qui ne sont jamais
sortis des antichambres des hôtels de la monarchie, sans em-
porter dans leurs poches des commissions de fournitures dont
le chiffre a été abaissé en sens inverse du prix de leur vote
promis et déjà vendu ; pour ces vieillesses décrépites qui font
honte à la perfectibilité humaine, et voudraient faire station-
ner l'esprit humain au point où leur satiété physique se com-
plaît dans ses sens engourdis.

Certes, nous ne prétendons pas, Monsieur, tant que le dé-
faut d'instruction nous laissera à l'arrière-ban de la société,
être capables de faire de bons représentants ; non, cela n'est
pas possible : nous nous rendons justice, et voyons bien que
nous ne pouvons subitement passer de l'état d'ignorance dans
lequel on nous a tenus jusqu'à ce jour (voudriez-vous, Monsieur, nous y laisser encore) à une élévation dangereuse, où
les connaissances ne répondraient pas à nos intentions. C'est
pourquoi, aussi, vous n'avez vu aucun de nous, à moins qu'il
n'ait eu de l'instruction, prétendre à l'honneur insigne d'être
investi de la confiance de ses concitoyens.

Vous avez donc voulu nous donner une leçon que nous ne
méritions pas, en nous adressant ces paroles : « Si nul ne peut
diriger une charrue sans exercice préalable, comment pourra-
t-il décider du sort de la société ? » Cela eût été bon à nous
dire, si nous avions envoyé à une des deux dernières assemblées
des hommes en blouse et à grands chapeaux ronds.

Au reste, il est peu de choses à faire en politique, selon
nous ; sa base, c'est le suffrage universel : sur ce pivot doivent
s'établir toutes les institutions, et depuis la plus petite jusqu'aux plus grandes fonctions.

Oui, maintenant que l'on a conquis pour nous le suffrage
universel, nous nous occupons peu de politique, attendant de
l'avenir, du temps nécessaire à tout, même à Dieu, la réalisa-

tion des promesses de dégrèvement d'impôt, de crédit légitime, d'instruction gratuite ; en un mot, les améliorations physique et morale qui nous ont été faites, et pour lesquelles le socialisme a mission spéciale. Vous n'avez pas osé, Monsieur, écrire le mot de socialisme dans tout le cours de votre brochure, croyant apparemment que nous l'ignorions. Vous auriez bien pu supposer, cependant, que nous n'étions pas restés étrangers tout à fait aux choses qui se disent et se passent à la tribune parlementaire de notre pays :

Qui a voulu la restitution des 45 centimes ? Les socialistes. Qui l'a refusée ? Les royalistes.

Qui a demandé le rétablissement de l'impôt des boissons ? Les royalistes. Qui l'abolition ? Les socialistes.

Qui a proposé l'égalité entre les serviteurs et les maîtres devant la loi, et que ceux-ci n'eussent pas le privilége de payer ceux-là avec un serment, comme il est écrit en l'art. 1781 du Code civil, ainsi conçu : « Le maître est cru sur son affirmation,

» Pour la quotité des gages ;

» Pour le payement du salaire de l'année échue,

» Et pour les à-comptes donnés pour l'année courante ? » Les socialistes. Qui ne l'a pas voulu ? Les royalistes.

Qui a voulu rétablir l'impôt du sel ? Les royalistes. Qui s'y est opposé ? Les socialistes.

Qui a voté contre les associations, la liberté d'écrire, de colporter, de se réunir en club ; pour l'état de siége d'une partie de la France, pour la suspension de nos journaux socialistes, pour le pape, pour envoyer nos enfants se faire tuer sous les murs de Rome, pour les ministères qui ont destitué nos fonctionnaires dévoués, pour les lois de déportation ou guillotine sèche ; qui, pour nous imposer des magistrats qui ne sont pas de notre choix, plus que les billets de la banque de France ? qui, encore une fois, pour toutes ces lois qui veulent nous ramener en arrière de Louis-Philippe ? si ce n'est le parti de la monarchie blanche, verte ou tricolore.

Il est donc inutile, Monsieur, que, sur ce sujet, vous essayez à nous faire prendre le change ; vous n'y parviendrez jamais. Nous savons où sont les opinions qui sympathisent à nos intérêts légitimes, à nos besoins et à nos droits.

Nous ne ferons point un jour de la politique en spéculation, mais nous en viendrons à une application immédiate. Ainsi, nous croirons accomplir plus sûrement notre destinée. Et pour ne pas nous égarer, même un jour, dans notre marche, nous graverons sur les cheminées de nos chaumières nos droits imprescriptibles avec ces mots : liberté, égalité, fraternité, et nous y serons fidèles.

DE LA LIBERTÉ.

La liberté qu'il nous faut et que nous demandons, c'est celle que Jésus-Christ disait à ses disciples d'enseigner aux hommes, il y a plus de 1800 ans, dans ce précepte si sacré : Ne fais pas à autrui ce que tu ne voudrais pas qui te fût fait. Si quelqu'un en désire une autre, assurément ce n'est pas nous; mais nous sommes loin de croire qu'il existe beaucoup d'hommes disposés à demander pour eux la faculté de tout faire. Ceux-là sont des méchants, et, dieu merci! le nombre en est très-petit comparativement à celui des honnêtes gens. — Nous n'avons donc nul souci de l'erreur possible, selon nous, par laquelle un homme sensé et probe émettrait la pensée que chacun a le droit de tout faire. De plus, nous n'avons point entendu dire que cette doctrine, depuis 6,000 ans que le monde existe, se soit sérieusement produite. Ne combattez donc pas des ombres, et, d'accord avec vous sur cette définition de la liberté que vous avez faite : « Quelle est l'exercice des facultés de l'homme dans la justice? » nous allons voir si nous pouvons l'être sur son application aux institutions politiques et sociales de notre pays.

Vous nous dites que la liberté est le plus noble élément de la vie sociale. Pourquoi donc vouloir nous river à la terre, et nous défendre, comme un fruit malfaisant, ou inutile au moins, les hautes aspirations de l'intelligence? Si vous voulez faire de nous des êtres attachés, du matin au soir, toute leur vie, à la chaîne d'un travail incessant; quand pourrons-nous jouir de cette *liberté, le plus noble élément de la vie sociale?* Car vous ne pouvez prétendre que la liberté pour l'homme des champs consiste à pouvoir aller de son chaume enfumé à l'étable, de l'étable au sillon, et du sillon à l'étable, tour à tour;

et ainsi de même de l'un à l'autre tous les jours. Ce ne serait là qu'une liberté de brute privilégiée.

L'exercice libre et sans entraves des facultés intellectuelles, voilà la liberté par excellence, celle qui distingue l'homme de l'animal, celle qui le rapproche de Dieu.

Si donc, nous autres paysans de la montagne ou de la vallée, on ne nous permet pas, on ne nous accorde pas le pain spirituel, nous pourrons dire qu'on a laissé se dégrader en nous une partie de la création, en nous privant *de l'exercice d'une des facultés de l'homme dans la justice.*

Croirez-vous encore, Monsieur, que vous étiez dans les bons principes quand vous nous disiez, en nous parlant de politique : Que nous n'avons pas trop de *toutes* nos journées pour conduire à bonne fin le labeur de nos champs. Nous en doutons, si vous êtes juste.

Oui, la liberté de penser est le plus noble attribut de la création ; c'est pour cela que nous la revendiquons comme propriété inaliénable ; c'est pour cette raison encore que nous essayons de perfectionner en nous la faculté dont nous en sommes doués, quoique paysans, aussi bien que vous, et comme tout le monde.

Aussi bien, puisque nous nous entendons sur cette définition de la liberté : « L'exercice des facultés de l'homme dans la justice, » examinons ensemble comment elle est appliquée en France.

Eh bien ! Monsieur, nous vous le demandons, quand les propriétaires des domaines que nous exploitons nous chassent, par un congé en forme, comme de vils troupeaux, parce qu'ils nous voient en compagnie de personnes que l'on appelle socialistes, est-ce de la liberté ?

Quand nous votons avec ces socialistes, et que le riche qui nous a prêté nous poursuit sournoisement pour lui rendre, est-ce aussi de la liberté ?

Quand l'un et l'autre nous forcent à voter avec eux, est-ce de la liberté encore ?

Quand on refuse l'aumône et la protection aux faibles, parce qu'ils passent pour socialistes, est-ce cela que vous appelez de la liberté ?

Quand on destitue nos gardes champêtres, nos cantonniers, nos instituteurs, nos maires, nos employés de toutes sortes, et jusqu'à nos préfets, sous prétexte qu'ils sont socialistes, est-ce de la liberté pour tous, *cette liberté qui est le plus noble élément de la vie sociale?*

Quand partout on fait injurier dans les journaux royalistes, orléanistes et bonapartistes tous les citoyens qui ne pensent pas en matière politique comme le président de la République, est-ce là le régime de la liberté, telle que vous l'avez définie?

Si nos convictions nous portent vers le socialisme, qui a le droit de nous empêcher d'en adopter la doctrine, tant que, avec elle, nous serons fidèles observateurs, comme par le passé, de ce précepte : Ne fais pas à autrui ce que tu ne voudrais pas qui te fût fait?

Sous Charles X, la justice voulait qu'on ne pût avoir de pensées ni républicaines ni bonapartistes.

Sous la République, elle proscrit les pensées socialistes.

Ainsi, à chaque instant, on définit la liberté d'une manière, et on l'applique d'une autre.

Et que serait-ce, si nous voulions parler de toutes les entraves mises à notre liberté.

Pour aller d'un département à un autre, ne faut-il pas acheter un passeport, c'est-à-dire payer un impôt?

Pour porter sur soi deux litres de vin, pour son besoin, ou pour en faire aumône, ne faut-il pas en acheter le droit, en payant un impôt?

Pour être libre sur son propre champ et pouvoir y chasser, par exemple, ne faut-il pas en acquérir le droit en payant quelque chose, comme 25 francs d'impôts?

Pour donner quelque saveur aux aliments, ne faut-il pas contribuer à l'impôt du sel?

Et pour avoir le droit de boire un peu de vin, dans nos campagnes, les jours des marchés et des foires, pour ne pas mourir de soif, ne faut-il pas le payer?

Il n'y a que le droit de mourir qui ne soit pas imposé.

On a dit que l'argent était le nerf de la guerre; il est aujourd'hui bien plutôt, et avant tout, le principe vital de la société.

Eh bien! toutes ces entraves sont-elles pour la liberté, oui ou non, Monsieur?

En quoi la justice serait-elle blessée? s'il nous était permis d'être socialistes, comme à vous royalistes, d'aller où il nous plairait, sans payer; de chasser sur nos terres librement, c'est-à-dire sans payer pour cela; de porter du vin dans notre besace; d'en acheter au prix de revient; de donner l'accolade à un socialiste; de voter pour lui, même aux élections, sans avoir affaire au fisc ou aux persécuteurs.

C'est ainsi, Monsieur, que nous désirons la liberté pour nous et pour tous.

Nous ne vous avons point parlé, pourtant, des iniquités de certains impôts, quoi qu'ils gênent aussi la liberté, parce qu'ils blessent plus encore l'égalité écrite dans la loi.

DE L'ÉGALITÉ.

Non, Monsieur, quelle que soit la disposition de l'homme à l'envie, on ne nous verra jamais demander pour nous que le gouvernement ou la société place tous les citoyens sur le même échelon social; mais nous attendrons jusqu'au bout qu'elle accorde à chacun selon ses besoins, et exige de chacun selon ses forces.

Nous nous écrierons toujours, tant que notre voix sera un peu libre, qu'il est inique d'exiger le moindre sacrifice de ceux qui ne peuvent rien, car c'est leur arracher une partie de la vie.

Que celui qui possède du superflu paye sur cet excédant, rien de plus juste et de plus simple; mais que l'on nous impose, nous et tant d'autres qui n'avons pas trop d'un travail incessant pour gagner notre nourriture; quoi de plus barbare?

Et pourtant nos enfants, s'ils se font tisserands, sabotiers, maréchaux, meuniers ou de tout autre état, on leur donne une patente avec laquelle ils *acquièrent le droit de travailler*, en outre qu'ils ont à payer une cote mobilière, que sais-je, des journées et bien d'autres impôts encore, feignant d'ignorer que, quoi qu'ils fassent, ils seront toujours courbés sous le joug du travail, et toujours pauvres, eux et leurs familles.

L'ancienne Charte disait : Les Français contribuent aux

charges de l'Etat dans la proportion de leur fortune. Qu'a-t-on fait de cet article de loi? On s'en est servi pour imposer tout le monde, si bien que le pauvre se trouve imposé comme le riche; il est vrai quelquefois en proportion du peu qu'il a, ce qui déjà n'est pas juste, mais souvent aussi autant que lui.

Si un ouvrier, un journalier gagne deux cents francs par an pour nourrir, loger et entretenir sa famille, a-t-il de l'excédant, oui ou non? S'il n'en a pas pourquoi l'imposer, si ce n'est pour le faire souffrir. Une créature à qui l'on ôte une partie du nécessaire, est une créature que l'on conduit lentement à la maladie et à la mort.

Nous savons qu'il est des circonstances suprêmes où tout le monde doit se sacrifier un peu, beaucoup même ; mais en France, aujourd'hui et depuis longtemps, ce n'est pas de cela qu'il est question, nous y vivons dans un état de fausse justice, en vertu de la loi elle-même.

Il nous arrive parfois, à nous autres laboureurs, dans une année de sécheresse, de récolter peu de foin pour notre bétail, et alors d'être obligés de ménager la pâture à tous les animaux de l'étable. Mais, outre que la dignité humaine s'offense de cette comparaison, que les hommes sont prédestinés à la vie immortelle, est-ce que vous croyez, Monsieur, que nous ne trouvons pas un remède à la disette qui a appauvri nos animaux ? Eh! mais si : quand la bonne saison est venue remplir nos granges, nous rationnons au double chaque tête de bétail qui a été privée.

A-t-on jamais restitué l'impôt injuste qu'on avait perçu sur l'artisan, sur le journalier, sur le laboureur ? Non, on n'a restitué, que nous sachions, qu'un milliard en France, celui des émigrés.

Nous savons bien qu'il est écrit : dans la proportion de leur fortune. Mais que nous fait la lettre de la loi ; c'est son esprit que l'on devait appliquer.

Et puis, enfin, pourquoi l'avait-on faite ainsi? Ce n'est pas nous assurément, car ce n'est que grâce à la révolution de 1848 que nous pouvons, en votant pour ceux qui font les lois, y concourir, pour ainsi dire.

Et l'impôt des prestations en nature, qu'en dites-vous, Monsieur ?

Ici se trouve un journalier ou cultivateur, ou artisan qui possède cent francs vaillant : il paye trois journées d'impôt, supposons 4 fr. 50 c. ; là un millionnaire, son voisin : il paye, lui..... trois journées d'impôt à.... 4 fr. 50 c. N'y en a-t-il pas un qui devrait payer dix mille fois plus que l'autre, puisque les Français contribuent dans la proportion de leur fortune aux charges de l'Etat ?

En bonne justice, on devrait nous restituer.

Quest-ce que c'est que l'impôt du sel ? sinon un prélèvement injuste encore sur nous autres laboureurs et artisans. Il est aujourd'hui diminué, dieu merci ! Eh bien ! par qui l'a-t-il été ? Par les républicains socialistes.

Beaucoup de gens se moquaient à la ville des réclamations faites contre cet impôt, au nom du peuple travailleur des campagnes. Parbleu ! nous le comprenons bien : ces messieurs ne consomment guère de sel : le beurre, le sucre et les épices suffisent à leur palais ; leur pain, aussi, a de lui-même un goût exquis. Mais nous, Monsieur, vous savez si nous pouvons vivre sans en consommer beaucoup. Notre pain de seigle n'est mangeable et conservable que bien salé ; nos aliments ne nagent jamais dans le beurre ni le sucre, il leur faut du sel et beaucoup ; à collation, nous vivons de pain sec et de sel.

Combien de temps ne nous a-t-on pas rendu la vie dure avec cet impôt !

Hélas ! quand sera-t-il totalement aboli ?

Encore si, après avoir épuisé la série des iniquités fiscales, nous pouvions, réunis en famille, mêler nos cœurs dans l'espérance d'un meilleur avenir ! Mais non, il faut que la misère dépasse nos forces et brise nos âmes. Dieu nous a donné un fils qui est notre consolation, le compagnon de nos infortunes, le soutien de notre misère, le défenseur de notre vieillesse, et l'on nous l'enlève à vingt ans, sous prétexte que l'Etat a besoin d'armées, comme s'il pouvait exister une loi juste qui donne à quelqu'un le droit d'arracher un fils des bras de son père ? Mais qu'en fera-t-il, l'Etat ? C'est, dit-on, pour protéger les frontières du pays, garder les places fortes, les ports de mer, les arsenaux, les monuments publics, faire le service de sûreté des familles et des propriétés. Comment donc? C'est à titre d'impôts que l'on nous prend nos enfants? Mais, cette fois encore, est-ce qu'on ne viole pas à notre égard les principes de justice et d'égalité? puisque ne possédant rien, ou que peu de chose, on nous soutire, à l'aide de la loi, une somme d'impôt égale à celle qu'on exige du riche?

Que demande-t-on à qui possède plusieurs millions, pour former l'armée? Son fils ou mille francs environ, pour l'assurer contre le sort. Et au pauvre? Son fils, ou mille francs, car c'est bien à mille francs d'impôts que se réduit le service militaire.

La voyez-vous, laboureurs, cette justice de la société? Egalité de l'impôt en présense de l'inégalité des fortunes, de l'absence même complète de la fortune !

La moyenne de la vie humaine est de 33 ans, et l'on exige que vous en livriez sept de celle de votre aîné en pâture aux besoins de la société! Le quart de la vie de vos fils! c'est peu pour qu'elle se soutienne.

Oh! Monsieur, si toutes les larmes qui ont été versées par les pères, les mères, les sœurs, les frères et les épouses, à cause de cet impôt, étaient rassemblées dans la main de Dieu, il pourrait, en les versant sur la terre, en former un fleuve immense.

On a calculé combien, avec les fonds du budget, mis pièce à pièce, on couvrirait de l'espace du globe. Eh bien, réunissez goutte à goutte le sang qui a été épanché par la loi de la conscription, et dites-nous si l'on n'entourerait pas la terre d'un large cercle de ce sang.

Nous savons bien que vous nous parlerez d'honneur et de patrie, espérant nous faire prendre le change. Non, non, il n'y a pas d'honneur pour nous à végéter dans les casernes, à faire la police des rues, des places publiques, à orner les fêtes de messieurs les privilégiés, à maintenir les prisons, encombrer les arsenaux, expérimenter les balles pour nous apprendre à tuer des hommes qui sont nos frères, soutenir vos percepteurs et collecteurs d'impôts.

Qu'on ne cherche donc pas à nous abuser davantage par des mots sonores : la gloire véritable consiste à secourir son semblable et non à le massacrer; et quand il a fallu courir aux frontières pour défendre réellement le sol envahi de la patrie, nous avons couru tous avec le même élan. Mais alors, seulement alors, le combat était légitime; nous ne voulions pas que le Russe, l'Autrichien ou tout autre étranger souillât par sa présence les champs où dormaient nos pères. Il nous était beau de mourir dans ces temps, car c'était pour la patrie.

Depuis, qu'a-t-on fait du sang de nos enfants versé dix fois contre nos intérêts dans les rues de Paris, frères contre frères; dans l'Espagne, la Belgique, les déserts brûlants de l'Algérie, et jusque sous les murs indignés de la ville éternelle? Est-ce que la patrie était là ?

Le plus grand étonnement de l'avenir, ce sera d'apprendre que, jusqu'au milieu du dix-neuvième siècle, on a imposé le travail et non l'oisiveté; conservé la loi du tirage au sort des hommes, au lieu de les protéger contre la cruauté de l'Etat qui, chaque année, comme un nouveau Minotaure, les dévore par milliers.

DE LA FRATERNITÉ.

Combien la vie, Monsieur, au milieu de tant de circonstances qui nous en apportent le dégoût, nous serait pénible, si un ministre de Dieu ne venait de temps en temps, avec l'accent d'une onctueuse charité, nous rappeler à tous que, quelles que soient les injustices dont la société nous laisse et nous fait victimes, il existera pour nous, comme pour les autres créatures qui se réjouissent de priviléges, un temps de repos et d'éternelle récompense si nous avons bien vécu; que nous sommes tous frères et égaux pour les destinées de la terre et du ciel; et, en nous enseignant les règles de la religion, de la morale et de la sagesse, nous préparer à une tolérance mutuelle, qui nous conduit à la fraternité. Nous nous aidons sous ses inspirations, les uns les autres, et la pratique de la charité est au milieu de nous. Mais, malheureusement, cet homme, le représentant de Dieu sur la terre, destiné à nous absoudre quelquefois, est rempli de présomption et de vanité; cherche l'autorité dans le sein de nos familles et non de nos consciences; irrite les querelles des intérêts particuliers par une immixtion frondeuse, impertinente et désireuse de supériorité, est d'une vertu plus qu'équivoque, d'une piété mondaine capable de faire naître le doute sur la sincérité de son ministère, introduit jusqu'au foyer du presbytère l'usure honteuse et dégradante, et couronne le tout d'un superbe dédain de tout ce qui est sacré aux yeux des hommes vraiment religieux.

Alors, nous souffrons sans espoir de soulagement, et nous nous croyons délaissés sur la terre.

Cependant, croyez-le bien, Monsieur, avant de cesser d'être remplis du sentiment de la fraternité, telle qu'elle est écrite dans le cœur de tous les hommes, et que la République démocratique, après la loi divine et naturelle, nous fait un devoir de la pratiquer, nous cesserons d'être chrétiens.

Rassurez-vous donc sur notre compte : la nôtre ne dégénérera jamais jusqu'à envier le bien d'autrui, et se contentera de celui qui nous a été donné en venant au monde, et que nous nous sommes acquis par notre travail.

Pour nous, nous croyons tellement à la vôtre, que nous vous adressons, pour la prendre sous votre protection, l'expression ci-après de quelques-uns de nos désirs, nos besoins, nos souffrances !

PREMIÈRE PÉTITION A L'ASSEMBLÉE LÉGISLATIVE.

Attendu que l'impôt, de quelque nature qu'il soit, ne peut être payé que par celui qui a de l'excédent de ce qu'il lui faut pour vivre avec sa famille ;

Que celui de la patente sur les petits états, des portes et fenêtres, des prestations en nature, du sel, du vin, sont barbares en ce qu'ils prélèvent sur le strict nécessaire du pauvre travailleur et sur les aliments qui lui sont indispensables ;

Nous prions MM. les membres de l'assemblée législative de les abolir immédiatement tous.

DEUXIÈME PÉTITION.

Attendu que l'impôt du service militaire n'est pas proportionnel à la fortune, ainsi que le veulent l'équité et la constitution ;

Qu'il s'exerce sur ce qu'il y a de plus sacré pour chacun,

sa vie, dont on lui demande le quart, puisque la vie moyenne de l'homme est de 35 ans;

Nous prions MM. les membres de l'Assemblée législative d'abolir de suite la loi du recrutement militaire, et de la mettre en rapport avec la proportionnalité des fortunes.

Nous ne vous disons pas adieu, Monsieur, mais bien au revoir, car nous espérons que vous aurez la bonté de nous donner des nouvelles de nos pétitions.

En attendant, nous vous assurons de toute notre estime et de notre dévoûment fraternel.

Voilà, Monsieur, la lettre que j'étais chargé de vous transmettre. Si vous tenez à savoir les noms des bons paysans qui vous écrivent, je vous les adresserai. Mais, peu importe : pour le moment, qu'il vous suffise de savoir que ce sont des gens honnêtes et laborieux.

Pour moi, Monsieur, je me trouve on ne peut plus flatté que cette occasion m'ait mis à même de juger en quelle noble estime ces braves paysans, que je connais beaucoup, tiennent et votre caractère élevé et votre haute intelligence, et sont reconnaissants du bon cœur que vous leur avez ouvert.

Je vous salue très-respectueusement,

BLAIN.

L'Ile-Jourdain, 9 février 1850.

Poitiers. — Imprimerie de COIGNARD et BERNARD.